[illegible]

LETTRE

DE

MONSEIGNEUR LOUIS BEL

ÉVÊQUE D'AGATHOPOLIS

VICAIRE APOSTOLIQUE D'ABYSSINIE

AU FRÈRE GÉNIN

Lazariste

RUE DE SÈVRES, 95, A PARIS

PARIS

IMPRIMERIE ADRIEN LE CLERE

RUE CASSETTE, 29, PRÈS SAINT-SULPICE

1868

[illegible]

[illegible]

[illegible]

[illegible]

[illegible]

[illegible]

[illegible]

[illegible]

LETTRE

DE

MONSEIGNEUR LOUIS BEL

ÉVÊQUE D'AGATHOPOLIS

VICAIRE APOSTOLIQUE D'ABYSSINIE

Au frère GÉNIN, à Paris.

Hébo, 11 septembre 1867.

Mon très-cher Frère Génin,

La grâce de Notre-Seigneur soit avec nous pour jamais!

C'est aujourd'hui le premier jour de l'an pour les Abyssins, le vingt-cinquième anniversaire du glorieux martyre du vénérable Perboyre, et le troisième de la mort de mon prédécesseur immédiat, Mgr Biancheri. Ces trois dates me fournissent l'occasion, et de vous souhaiter une heureuse année, et de nous réjouir avec tous les membres de la Compagnie du triomphe du généreux athlète de Jésus-Christ et de prier ensemble pour le repos de l'âme du second Vicaire Apostolique, successeur du Fondateur de la Mission d'Abyssinie, Mgr Jacobis, dont la mémoire est encore en grande vénération dans toutes nos Chrétientés. Déjà un tout petit mot que je vous ai récemment adressé vous a appris pourquoi j'ai tant différé à répondre à votre si charitable lettre, datée du 25 janvier, jour si mémorable et si cher pour notre Compagnie, dans lequel vous avez pensé devant Dieu, d'une manière spéciale, aux besoins de nos Missions en général, et à ceux de la nôtre en particulier, pour les recommander à sa bonté infinie et aux trésors de sa miséricorde inépuisable. Je suis heureux, mon cher Frère, de pouvoir vous donner aujourd'hui les renseignements que vous m'avez demandés, en m'indiquant l'usage que vous désiriez en faire : votre pensée me paraît venir du Ciel ; aussi je vais essayer, de mon mieux, de satisfaire à votre attente et de répondre à vos questions. Cette longue causerie sera pleine de charmes pour moi, puisqu'elle me procurera le plaisir de vous entretenir de cette partie de la Vigne du Seigneur que le Père de Famille m'a confiée, malgré mon indignité et mon incapacité. Le papier dont je me sers, je le dois à la charité de notre bienfaitrice Mlle Lesueur, dont M. J. Perboyre me fit faire la connaissance.

Un Missionnaire peut garder le silence sur sa Mission, soit par prudence, soit manque de temps, soit parce qu'il n'a rien ou presque rien d'intéressant à communiquer, soit parce qu'il a un sujet trop abondant à traiter, ou trop affligeant à peindre. A part les autres motifs qui me porteraient à me taire, je me trouvais rangé dans cette dernière catégorie, alors que je différais tant à vous répondre. Je voyais de tous côtés tant de besoins, que je reculais de jour en jour la date des renseignements que vous m'aviez demandés, ou par l'impossibilité de les exposer au naturel et dans leur réalité, ou par la pensée qu'il faudrait trop de ressources pour les satisfaire. O chère Abyssinie ! dans quelle situation déplorable avons-nous la douleur de te voir plongée depuis tant d'années déjà ! Il faudrait un nouveau Jérémie pour tracer un si déchirant tableau. Dans les panégyriques, certains

prédicateurs, pour donner une plus haute idée du héros
dont ils célèbrent les vertus et la gloire, se plaisent parfois
à faire des comparaisons qui n'ont rien moins que la préten-
tion de nous les montrer comme les plus grands des enfants
des hommes; éloge qui ne convient et qui n'a été appliqué
par la Vérité même qu'au fils privilégié de S. Zacharie et de
Ste Élisabeth. M'inspirant de leur exemple, je pourrais,
en un sens inverse, proclamer que, de toutes les Missions
dont l'histoire, des relations spéciales ou les conversations
intimes que j'ai eues sur ce sujet avec tant de Missionnaires passant à Alexandrie, durant les dix années de mon
séjour dans cette ville, celle d'Abyssinie est très-probable-
ment la dernière, la plus difficile, la plus ingrate et la plus
pauvre. Aussi est-ce une des plus dignes des Enfants de
Celui qui avait une prédilection spéciale pour les œuvres
les plus dédaignées, les plus abandonnées, les plus délais-
sées, et qui, au moment où la maison de Saint-Lazare lui
était disputée par un injuste procès, en examinant ce qu'il
regrettait le plus, s'il fallait la quitter, trouvait que ce seraient quelques aliénés, auxquels il aimait, par-dessus tout,
à prodiguer ses soins paternels, guidé uniquement par son
grand esprit de foi, sa règle et sa vie. Mais je veux bien
m'abstenir de cette triste comparaison, vous laissant à
vous, mon cher Frère, le soin de la faire après avoir lu
ces quelques pages. Dès le début, il faut bien vous dire
que, également ennemi de l'optimisme et du pessimisme,
des programmes qui n'annoncent que le beau côté, et de
ceux qui ne veulent montrer que le revers de la médaille,
comme aussi de l'exagération, soit en parlant, soit en
écrivant, tout mon désir, dans ces lignes, c'est de faire
connaître la vérité sur notre Mission d'Abyssinie. Je mon-
trerai d'abord l'état général de cette contrée, considérée
sous le triple rapport social, matériel et spirituel, et l'état
particulier et actuel de la Mission catholique, pour faire

toucher comme du doigt nos grandes misères et, partant, nos grands besoins.

Après cette déclaration préalable, j'essaye de vous répondre en suivant votre questionnaire :

1° *Misère sociale de l'Abyssinie.* — « Tout royaume divisé contre lui-même, a dit le divin Maître, sera désolé. » L'état actuel de l'Abyssinie nous offre une nouvelle preuve de cette triste vérité. Son état social et politique est des plus désolants et des plus lamentables, depuis que l'empereur Théodoros est monté d'un rang infime au faîte des grandeurs par une disposition de la Providence. D'abord victorieux de tous ses rivaux, dès le début de son règne, et un instant seul maître de tout le pays soumis par ses armes, il a méprisé de suivre les conseils de la sagesse et de la justice. La pratique des vertus lui aurait pourtant acquis la paisible possession de cet empire, composé de quatre millions d'hommes et formé par les trois petits royaumes de Choa, du Tigré et de l'Amarha, outre l'amour de ses peuples dont il aurait fait le bonheur. Il aurait assuré de plus le règne de la paix, de l'équité et de la religion, au moyen d'une sage et légitime liberté. Son étoile, pour me servir d'une expression assez usitée chez nous, a pâli. Il a vu son autorité diminuer tous les jours, les limites de ses États se resserrer, la guerre civile décimer ses provinces, ses sujets passer en grand nombre sous d'autres maîtres, l'anarchie prendre des proportions démesurées, divers fléaux, tels que le choléra, l'épizootie, les sauterelles, autant de messagers de la colère divine, désoler de la manière la plus effrayante ses peuples tombés aujourd'hui, comme une proie, aux griffes de quatre ambitieux compétiteurs, qui ne cessent de le harceler et de lui enlever les pays encore fidèles. Dans la vie de notre Bienheureux Père, nous avons souvent lu tous les fléaux qui désolaient la France, de son temps, à la suite de guerres intestines et étrangères, si calamiteuses pour la Fille aînée de l'Église. Eh bien, mon

cher Frère, tous ces effrayants tableaux me paraissent au-
dessous de celui que présente à nos regards attristés l'infortunée Ethiopie, courbée sous le joug abrutissant de quatre
ou cinq despotes, à savoir le schisme, l'anarchie, le pillage
et la famine, sans qu'une main amie, à l'exception de celle
de la religion, vienne panser ses plaies si poignantes. Ailleurs,
une guerre civile vient-elle à éclater au sein d'une nation,
à l'instant les puissances alliées et intéressées à éteindre
au plus tôt l'incendie de la révolte et de l'anarchie, ou mues
par des principes d'humanité, se hâtent d'intervenir, du
moins par la diplomatie, sinon par les armes, pour arrêter
au plus vite cette cruelle effusion de sang entre des frères.
Une famine, causée soit par l'intempérie des saisons, soit par
l'inondation des fleuves et des rivières, ou par les ravages
des sauterelles, commence-t-elle à se faire sentir dans une
contrée, ou dans quelques provinces seulement : aussitôt
les Gouvernements s'imposent les mesures les plus efficaces
pour parer aux besoins des populations décimées : aussitôt
surtout la charité catholique, cette sentinelle vigilante que
nous avons la consolation de trouver toujours en védette
sur les remparts de la Cité de Dieu, vole au secours de ces
infortunes, prodigue ses aumônes, multiplie ses prodiges de
générosité et de dévouement pour sécher les larmes des
malheureux, nourrir les faméliques, secourir les veuves, recueillir les orphelins et soulager les malades. Sa douce présence se fait sentir partout, à l'exemple de Celui dont elle est
l'humble messagère et la fille bien-aimée, *en faisant le bien.*
En Abyssinie, ce pays classique des guerres civiles, de l'a-
narchie, du despotisme, du schisme toujours froid et souvent
cruel à l'égard des malheureux, comme le prouverait au besoin l'histoire contemporaine d'une autre nation si chère à
notre saint Fondateur, ne vous attendez à rien de semblable.
A l'extérieur, trop isolée de l'Europe civilisée, qui est peu
désireuse de commercer avec elle, et réduite encore à l'état

de barbarie par ce même schisme, elle reste dans l'oubli, ses plaies demeurent ignorées ou n'excitent guère que l'indifférence ou le mépris.

Des journaux mal informés, ou mentant par système et pour la cause de tel parti, des récits romantiques, des fables enjolivées à plaisir, voilà les sources où l'Europe puise souvent ses renseignements sur cette contrée, visitée de loin en loin par quelques touristes qui la parcourent ordinairement en laissant de révoltants scandales sur leur passage, au lieu de l'édifier par l'exemple de leurs vertus, comme n'a cessé de le faire un pieux et zélé savant (1). Aujourd'hui membre, je le crois, de l'Institut de France, il est resté plusieurs années dans cette contrée, occupé à d'utiles travaux de linguistique et de géographie. A l'intérieur, que voyons-nous? au lieu d'une autorité paternelle, juste, bienfaisante, et songeant au soulagement de tant de misères et de calamités, résignez-vous, à l'avance, à voir les maux des populations accrus par des pillages fréquents, par de tyranniques exactions qui se reproduisent sans cesse, et qui achèvent d'extorquer aux pauvres habitants ce que les autres fléaux leur avaient laissé. La loi de la force, de l'arbitraire, du despotisme est la seule en vigueur : la plus déplorable anarchie, le désordre, le vol, le brigandage et l'assassinat, voilà un faible échantillon de l'état social et politique de l'Abyssinie actuelle, depuis quelques années.

2° D'après ce rapide aperçu, vous pouvez déjà juger de l'étendue de la misère corporelle ou de l'extrême pauvreté des populations, conséquence naturelle de l'anarchie politique et du fléau septennaire des sauterelles, ces avides et précoces moissonneurs des récoltes encore en herbe, tantôt dans une province, tantôt dans une autre, et le plus souvent au sein de nos Chrétientés. Tous nos Catholiques sont dissé-

______

(1) M. d'Abbadie Antoine, Correspondant de l'Institut.

minés dans le royaume du Tigré, celui des trois qui, en tout temps, est déjà le plus pauvre, le plus misérable à cause de ses montagnes stériles et de ses terrains arides.

Les montagnes du Liban, malgré leur aridité, offrent plus de ressources à nos bons et chers Maronites, d'ailleurs plus industrieux et plus laborieux, que les montagnes escarpées et dépouillées du Tigré : ici, je ne parle que de nos Chrétientés, placées dans les montagnes. Je sais que, dans telle et telle province du Tigré on trouve des plaines très-fertiles, cultivées par des populations schismatiques. Nos Catholiques, moins favorisés sous le rapport du sol, sont des nomades dont le principal revenu consiste dans les troupeaux de chèvres et de brebis qui n'échappent guère aux courses des pillards armés, décorés si improprement du nom de soldats, avec leurs *condottieri* ou Chefs, qui les conduisent plus souvent à la maraude et au pillage qu'au combat et surtout à la victoire. Chaque chef a les siens. Ici la caisse militaire, c'est la cabane du paysan, son beurre, son lait, son miel, son *Doura* ou *millet*, ses moutons et ses bœufs. Ces braves, pour se payer de toutes leurs fatigues, n'ont qu'à dépouiller les populations inoffensives : telle est la manière, sinon la plus légale, du moins la plus ordinaire et la plus usitée pour le recouvrement des impôts. Loin de la condamner et de la punir, les Chefs y portent ces bandes indisciplinées qui sont à leur service et prélèvent tant pour eux sur toutes leurs prises. Or, tous ces Chefs subalternes, se succédant avec une déplorable rapidité, paraissent à peine au pouvoir, et disparaissent, après s'être repus avec leurs gens. Jugez de ce qui peut rester à la fin de chaque année, marquée au coin de tant d'exactions et de pillages, parfois déguisés sous le nom mensonger de cadeaux, de prises de possession du commandement ou d'impôts; jugez de ce qui peut rester au sein des familles, misérables en tout temps par condition, mais réduites à une affreuse indigence,

à la suite de ces fléaux et de ces pillages, et dans l'impossibilité de pouvoir nourrir leurs nombreux enfants. Comme
les anciens patriarches, l'Abyssin, pasteur nomade, est heureux d'avoir une nombreuse famille : sous prétexte de se
procurer des moyens de subsistance pour les autres, les
Bogos (j'ai déjà eu occasion de signaler cette infamie) peuvent être tentés de vendre quelques-uns de leurs enfants,
même à des Musulmans. Mais ce désordre est particulier à
ces tribus qui ne sont pas encore chrétiennes, si nous exceptons les personnes baptisées par les Missionnaires, et
dont le nombre s'élève à près de mille en ce moment. Ce
désordre, d'ailleurs, n'est pas répandu parmi nos Catholiques.

Si nous n'y trouvons pas ces ventes abominables qui
décèlent le paroxysme de la misère, ou plutôt des cœurs
dénaturés, nous avons l'affliction d'y rencontrer beaucoup
de faméliques, des cadavres ambulants, de vrais squelettes,
qui n'ont pas besoin d'ouvrir la bouche pour nous demander l'aumône. Vous voyez profondément imprimé sur
leurs traits le cachet d'une cruelle famine et de date ancienne. Dès mon arrivée en Abyssinie, j'ai reçu de nombreuses visites : toutes avaient le même motif : la demande
de secours pécuniaires. Ces pauvres Catholiques ont une idée
si fausse sur un Vicaire apostolique et sur les Missionnaires!!!
Voici leur raisonnement en ce qui nous concerne : ce sont
des *Frengis* : donc ils sont cousus d'or et d'argent... Ce
sont des Prêtres *francs*... donc ils doivent nous donner des
secours corporels... C'est un Évêque.... donc il est aussi
riche que l'Abouna Salama, aux jours de ses faveurs prin-
cières ou *théodoriennes*, aujourd'hui gardé à vue, mais
par les soldats du despote qui le fait espionner avec un
grand soin.

Abouna Yakob, Mgr Jacobis semait ses *thalaris* ou écus
sur son passage, alors que les denrées étaient à si bon marché ;

aujourd'hui que la famine a quintuplé le prix de tout, Abouna Pietros Louidji doit, à plus forte raison, nous secourir dans notre détresse, etc., etc... Pauvres chrétiens ! ce n'est pas la bonne volonté qui manque aux Missionnaires venant à vous, non avec des caisses d'or comme les prédicants de la Société biblique de Londres, mais avec des trésors spirituels dont vous êtes, hélas ! trop peu désireux ! Aussi, privés de ces sommes qu'il nous faudrait pour contenter tant de mendiants, nous sommes forcés, le plus souvent, de les renvoyer les mains vides, après des voyages fatigants et inutiles, le murmure sur leurs lèvres, le cœur mécontent, et le nôtre navré de ne pouvoir les aider corporellement.

Nous ressentons surtout cette douleur cuisante, dans nos courses apostoliques, lorsque nous trouvons la misère temporelle arrivée à son apogée chez la plupart de nos Chrétiens. Nous voyons mieux alors les conséquences funestes, et du fléau des sauterelles et de l'épizootie et des *razzias*, opérées par les bandes de ces soldats indisciplinés dont nous parlions. Ce sont des troupeaux entiers frappés par la mortalité ou volés par ces brigands ; ce sont des champs de doura, de maïs, d'orge, etc., à peine arrivés à leur maturité, et dévorés par les sauterelles, ou moissonnés par ces pillards-là. Ce sont des cabanes dont le mobilier est si mesquin d'ordinaire, manquant même des quelques hardes et nippes qu'elles possédaient. C'est une petite provision de grain, placée en réserve dans une cachette pour l'entretien de la famille, enlevée par ces ravisseurs, qui ont torturé les propriétaires pour la leur faire découvrir. Ce sont des ruches d'abeilles, cette précieuse branche des revenus pour une partie de nos Chrétiens, brisées en mille morceaux, uniquement par caprice et méchanceté, par des gens à figure humaine, mais à cœur de bronze, qui ne respectent pas plus les églises que le reste des habitations : quatre des nôtres viennent d'être ainsi pillées, dans le courant des années 1866 et 1867, ainsi que les demeures des prêtres indigènes qui les desservaient. Plus d'une fois sur notre route, nous trouvions des tas de pierres amoncelées, indiquant des tombeaux. Nous apprenions que dans ces endroits étaient décédés et enterrés des faméliques, à la suite de leur diète forcée. Dans certaines paroisses, à la vue de nombreuses tombes encore fraîchement fermées, on nous disait que la famine avait moissonné ces pauvres personnes, jeunes et vieilles, dont les restes reposaient dans ces cimetières. Dans plusieurs villages, on nous signalait des malades, des moribonds : désireux de leur procurer au moins les secours de la religion, nous y accourions avec quelque prêtre indigène : entrés dans des réduits enfumés, obscurs, nus, sales, infects, nous y trouvions parfois des familles entières, père, mère, enfants, couchés pêle-mêle sur le sol humide, ou tout au plus sur une simple peau de vache, avec une couverture commune à tous jetée par-dessus. Ce sont des malades privés de médecin et de tout remède pour les soulager. Vous leur adressez quelques mots de consolation, et offrez les secours de la religion : que vous répondent-ils ? « Volontiers, Abouna, nous nous confesserons, vous disent d'une voix faible ces demi-mourants ; mais auparavant donnez-nous une poignée de doura ou de riz pour que nous puissions parler et confesser nos péchés, puis recevoir les sacrements qui préparent à la mort. » Ah ! à la vue de ces spectacles déchirants, combien de fois notre esprit accablé n'a-t-il pas pensé à la Fille de Charité et au bien qu'elle ferait dans ses visites à ces pauvres et infortunées familles, qui la recevraient comme la messagère du Ciel ! Pour nous, pour que nous puissions les soulager, ces malades abandonnés, il nous faudrait laisser quelques *thalaris* dans chaque cabane, avec les remèdes nécessaires à leurs maux, être à la fois pères nourriciers, pères spirituels, médecins. Jugez, mon cher Frère, comme nous devons souffrir à la vue de tant de misères qu'il ne nous est pas donné de pouvoir alléger, selon le désir de notre cœur. Vous demandez aux parents : « Pourquoi ne conduisez-vous pas vos fils et vos filles à la messe, les dimanches et fêtes? Pourquoi ne les envoyez-vous pas au catéchisme? Pourquoi ne voulez-vous pas les laisser instruire dans les écoles que nous ouvririons en leur faveur? » Voici presque toujours leurs réponses invariables : « Nos enfants sont tout nus; donnez-nous des habits pour eux et nous les conduirons à la messe.... Au lieu d'aller ramasser dans les champs des herbes, des racines, des graines destinées à apaiser leur faim, nos enfants reviendraient du catéchisme le ventre vide..... De même ils ne trouveraient pas leur pain en fréquentant l'école. Voulez-vous les nourrir les habiller et pourvoir à tout leur entretien, comme vous le faites à tous ces enfants que vous gardez chez vous, et que vous élevez pour être prêtres plus tard : nous consentons avec plaisir à vous les confier. » Par là, mon cher Frère, vous pouvez voir s'il nous serait difficile de ramasser des enfants pour notre Séminaire; nous ne serions embarrassés que du choix et des dépenses nécessaires à leur complet entretien.... Vous demandez à cette mère qui tient un nourrisson sur ses bras : « Cet enfant est-il baptisé? — Hélas! non; il ne peut recevoir le baptême; il est musulman comme moi! — « Comment! je vous croyais chrétienne? tous les Bogos se disent chrétiens; vous êtes bien une de leurs femmes? — Oui, Abouna; mais pressée par la faim, j'ai mangé des sauterelles... » Pauvre femme! elle vous découvre à la fois sa misère et son ignorance! la misère qui l'a contrainte de se nourrir de ces insectes, mets que se réservent les Musulmans, du moins en Abyssinie, mets qu'ils trouvent, dit-on, excellent. Son ignorance, c'est une fausse croyance, enracinée dans ce pays, que tout Chrétien qui se nourrit de sauterelles devient Musulman par le fait même. Nous aurons beaucoup de peine à

détruire cette erreur que nos prêtres ne combattent pas
d'ailleurs, mais qu'ils semblent plutôt accréditer par leur
silence. Bien plus, ne voulaient-ils pas dernièrement priver
de la sépulture ecclésiastique une femme qui avait commis
ce grave péché ?

Puisque nous sommes à l'article des sauterelles, peut-être
désirez-vous que je vous dise un mot, en passant, sur la manière de se procurer et de préparer ce régal si friand pour
les Chohos principalement.

Vous connaissez ces Chohos, aussi dangereux que les
Druses en Syrie et les Kurdes en Perse, pour les voyageurs
isolés et les troupeaux mal gardés. Ce sont des hommes de
sac et de corde, sans foi ni loi, Musulmans de nom,
mais infidèles et païens en réalité ; maîtres d'un grand
nombre de montagnes stériles, préférant le vol et le pillage
au travail, se glorifiant de l'assassinat. Ils ont aperçu des
nuages de sauterelles emportées sur les ailes des vents :
semblables aux léopards et aux lions, qui, placés au sommet
des pics élevés et escarpés, guettent les brebis et les vaches
paissant dans les vallées, ces hommes, qui ne rougissent pas
de se dire, comme certains Académiciens et Universitaires,
frères des singes, gambadant par milliers autour de leurs
chétives habitations, volent dans les endroits où ces insectes
se sont abattus, au déclin du jour. Le sol en est littéralement
couvert et les arbres tellement garnis, que vous les pren-
driez de loin pour des amandiers couverts de bourgeons.
A la faveur des ténèbres de la nuit, nos Chohos font une
abondante provision de ces sauterelles, les jettent dans des
fosses ardentes, creusées par eux et dont ils ont retiré la
braise, pour les tuer sans les rôtir : retirées promptement et
mises dans des sacs de peaux, elles sont transportées au logis
où la ménagère, ou plutôt les ménagères (car le Choho, bon
Musulman sous ce rapport, garde autant de femmes qu'il
peut en nourrir), achèvent la cuisine, c'est-à-dire qu'elles les

exposent quelques jours aux rayons du soleil pour achever de les faire sécher. Après cette opération, elles les réduisent en poudre avec le moulin usité ici : deux pierres frottées l'une contre l'autre. Et cette poudre, mélangée avec du poivre rouge dont on fait une si grande consommation en Abyssinie, et délayée dans le beurre ou le lait, devient un plat exquis pour la famille Choho. J'ignore si S. Jean-Baptiste les préparait ainsi ; tout ce que je sais, c'est que nos pauvres Chrétiens imiteraient volontiers les Chohos, si friands de ce mets, s'ils n'étaient retenus par un scrupule de conscience : la crainte, je le répète, de devenir Musulmans. Voilà où la faim en aurait déjà conduit un grand nombre.

A chaque pas que vous faites dans ces contrées, vous découvrez de nouvelles marques de leur extrême indigence. Oui, je puis vous l'assurer, nous pouvons répéter en toute vérité la parole évangélique de notre divin Maître, gravée au pied de la statue de notre saint Fondateur :

Le Seigneur m'a envoyé évangéliser les pauvres.

Les Filles de la Charité qui se plaignent parfois de ne pas être appliquées au soin immédiat des pauvres, leurs chers Maîtres, suivant le vœu qu'elles en font, ne pourraient manquer d'être au comble de leurs désirs, si elles allaient soigner les Abyssins ; ceux mêmes qui portent le titre de Coutiba, les Chefs des villages, qu'on regarde comme jouissant d'une certaine aisance, ne rougissent pas de porter des guenilles sur leurs épaules et de vous demander l'aumône. Ici il faudrait les richesses de Crésus pour pouvoir secourir tous les misérables qui pullulent de toutes parts. Dans notre impossibilité, nous comprenons aujourd'hui mieux que jamais les déchirements charitables de notre Bienheureux Père, à la vue des fléaux qui ajoutaient au dénûment des pauvres, « et son poids et sa douleur, » suivant son expression, qui nous dévoile toutes ses richesses de compassion à leur égard. De tous côtés on vient solliciter, non pas hélas ! la nourriture spirituelle, la seule cependant que nous puissions donner et pour laquelle on n'a pas grand appétit ; mais la corporelle, des *thalaris*, des Marie-Thérèse, c'est-à-dire des pièces de cinq francs et de vingt-cinq centimes, seule monnaie qui soit reçue en Abyssinie, pour acheter les objets de première nécessité. Le mot *tamiet, tamiet* : *faim, faim*, est celui qui frappe le plus souvent nos oreilles, dans le cours de nos visites pastorales, au sein de ces Chrétientés, qui nous mettraient bien à même d'exercer les œuvres de miséricorde corporelle que le Divin Juge invoquera, quand il voudra récompenser ses élus et les mettre en possession du bonheur du Ciel : Donner à manger à ceux qui ont faim, à boire à ceux qui ont soif, vêtir ceux qui sont nus, visiter et consoler les malades ; donner aux étrangers l'hospitalité ; recueillir les orphelins ou racheter les enfants Bogos encore vendus par leurs parents, malgré les promesses qu'ils m'avaient faites l'année dernière de ne plus commettre ce crime. Tels sont les besoins en présence desquels je ne cesse de me trouver, depuis que la Providence m'a conduit dans cette infortunée Mission.

Dans la nuit du 14 au 15 juillet, à deux heures du matin, à la suite d'une fausse alerte, qui nous annonçait l'arrivée d'une armée composée de quatre à cinq mille soldats, venant pour tout ravager et nous emprisonner, nous avons dû nous réfugier en toute hâte dans les montagnes, avec tous nos Séminaristes et nos bagages. Après avoir dit la sainte Messe sur le sommet de la montagne où nous devions camper, sans savoir combien de temps nous devrions nous y cacher, je récitais, assis sur un rocher, à quelques pas de la chère petite Famille, mes petites heures ; tout à coup une vieille femme, pâle, maigre, décharnée, dont l'aspect me rappela le souvenir de Marie l'Egyptienne, après ses longues années de jeûne passées dans le désert, s'approche et me fait signe qu'elle meurt de faim. Hélas ! je n'avais rien à lui donner ;

cependant, malgré notre petite provision apportée d'Hébo, presque insuffisante pour notre personnel dont le chiffre s'élevait à trente bouches environ, elle reçut une légère aumône. Ah ! qu'il est pénible de voir ainsi pâtir et de ne pouvoir pas venir en aide ! Une heure après, disposé à m'abandonner aux soins de la Providence, et à attendre avec calme et confiance les événements qui peuvent s'accomplir, je me mis à la lecture et à l'étude comme à l'ordinaire. Bientôt je me vis environné d'une demi-douzaine de petites filles dont les parents campaient auprès de nous. Je m'empresse de saisir cette occasion, pour leur faire réciter leurs prières et quelques leçons de catéchisme sur les principales vérités de la religion. Occupé à cet exercice, pour moi si plein de charmes, j'en vois deux qui mangent une herbe grasse dont le nom m'est inconnu. Je leur demande si cette herbe est bonne à manger : « Non, répondent-elles, elle est mauvaise ; mais c'est la faim qui y nous porte. » Et après l'avoir sucée quelque temps, elles rejetaient une salive écumeuse. Les ayant catéchisées près d'une heure, je distribuai à chacune un peu de nourriture corporelle.

Redescendus tous à Hébo, le soir même, et le samedi de cette semaine, nous voyons arriver un enfant de sept à huit ans, délaissé par ses parents qui demeurent à quatre ou cinq heures d'ici. Il était si chétif que ses jambes et ses bras ressemblaient à des fuseaux. Nous le nourrissons pendant quelque temps. Le premier jour, après avoir mangé son petit repas, il tombe malade ; habitué depuis longtemps à ne presque rien manger, le peu qu'il prit alors l'indisposait. Pauvre enfant, il était dévoré par la faim ! combien nous aurions été heureux de le placer dans un orphelinat ! A la fin, nous l'avons fait reconduire chez ses parents.

Des traits semblables se reproduisent ici presque chaque jour : souvent même ce sont des députations composées des principaux Chefs de village, qui viennent me demander des sommes considérables pour payer le tribut exigé de pays entiers. J'en ai déjà reçu cinq ou six, envoyées dans ce but ; la dernière était vers la fin de juillet. Une douzaine d'individus, représentants de six gros villages, la composaient. Les populations me l'avaient envoyée pour demander l'argent nécessaire au paiement du tribut exigé par les Chefs impériaux, dont l'arrivée avait répandu l'alarme dans tout le pays : c'était une somme équivalente à la valeur de cent vaches, c'est-à-dire 2,500 fr. environ. Je lui répondis que je regrettais vivement de ne pouvoir donner cette somme ; que cela m'était impossible, puisque nous avions à peine de quoi faire subsister notre nombreuse famille durant quelques jours. Je lui fis servir le café, et la députation me quitta en se plaignant et disant que Mgr de Jacobis secourait non-seulement les particuliers, mais encore des pays entiers, et qu'il s'y était même obligé par un contrat, etc., etc.

Le 16 du mois d'août, elle revint à la charge et pour le même sujet ; même réponse de notre part, basée sur les mêmes motifs. Je dois avouer qu'alors même que notre procure nous eût permis de donner cette somme, je me serais abstenu par prudence et pour les raisons suivantes :

1° Accueillir favorablement leur pétition, c'était ouvrir la porte à de pareilles demandes que nous auraient adressées nos autres Chrétientés, comme elles l'avaient fait l'année dernière ; 2° c'était nous mêler indirectement de leurs affaires avec des Chefs inconnus et même dangereux pour nous ; 3° c'était accréditer auprès de ces *condottieri*, avides et rapaces, le bruit faussement répandu, depuis l'origine de la Mission, que nous possédions des richesses considérables, puisque nous pouvions payer les tributs réclamés du peuple, et partant les stimuler à nous piller ; 4° c'était entretenir les populations dans la persuasion qu'en devenant Catholiques, elles trouvent dans nous, et appui matériel, par le recours au Consul français, protecteur né des Catholiques,

et ressources pécuniaires. Les deux principales considérations (l'amour de la vérité me force à le déclarer) qui ont
malheureusement le plus contribué à engager nos paroisses
actuelles à abjurer le schisme, ce n'est pas la conviction
religieuse, mais plutôt un intérêt tout humain, c'est-à-dire
l'espoir de recevoir de l'argent, de cesser de nourrir leurs
prêtres, et d'être secourus au besoin, par l'intervention
du Consul français auprès des autorités musulmanes. Je
trouve une nouvelle preuve de cette triste déclaration dans
ces dernières députations, composées principalement des
chefs de Saganéiti, paroisse de 1,200 âmes, rentrée dans
le giron de l'Église en juin 1866, et qui, en moins d'une
année, m'a adressé à trois reprises différentes des demandes
d'argent. Mais pourquoi suis-je entré dans ces détails ? C'est
uniquement pour vous faire sonder la plaie de la misère corporelle qui accable ces populations dans toutes nos Chrétientés. L'une des plus riches, d'après l'opinion commune,
c'est celle de Saganéiti. Or, entrée de la veille dans le sein
de l'Église catholique, c'est elle qui revient le plus souvent
à la charge pour demander l'aumône. Par son exemple, vous
pouvez vous faire une plus juste idée de l'extrême dénûment de toutes les autres paroisses. Aussi, mon cher Frère,
à la vue de tant de misères vous pouvez verser des larmes en
abondance, surtout si à cette indigence corporelle, déjà si
déplorable, vous ajoutez une autre misère plus funeste encore, je veux dire la misère spirituelle.

3° Les mêmes plaies que j'ai déjà signalées dans une
autre lettre, comme dominant chez les Bogos, se trouvent, à
l'exception de la vente des enfants, dans toutes nos autres
contrées d'Abyssinie ; misère intellectuelle, morale, religieuse : c'est la plaie commune à toutes nos Chrétientés.
Dès l'âge le plus tendre, les enfants sont occupés à la garde
des troupeaux, les filles à porter l'eau ou le bois nécessaires
à la famille, ou à ramasser des herbes dans les champs ou à

moudre le poivre et à préparer le pain. Ni les garçons ni les filles ne fréquentent aucune école ni catéchisme. Ils grandissent dans la plus grande ignorance et y croupissent toute leur vie, à part les quelques jeunes gens qui ont suivi chez nous quelque cours de lecture, de grammaire éthiopienne, de chant, en vue de l'état ecclésiastique ; carrière dans laquelle ils n'ont pas persévéré, ou à laquelle on ne les a pas crus appelés. Je ne connais, parmi nos Chrétiens, aucun enfant, aucun jeune homme, aucun homme qui sache lire, si vous en exceptez une demi-douzaine peut-être, originaires de l'Amahra. Quant aux filles, nous n'en trouvons encore aucune qui soit capable d'apprendre l'alphabet à ses jeunes compagnes, à l'exception de deux, âgées d'une quarantaine d'années, que Mgr de Jacobis espérait voir un jour Sœurs de la Charité, et qui retirées aujourd'hui à Hébo, y ont ouvert, à nos instances réitérées, une petite école fréquentée par quelques autres petites. Les partisans *quand même* de l'instruction gratuite et obligatoire pour tous les enfants, avouons-le, auraient là un grand crève-cœur à souffrir, soit à la vue du manque absolu de classes, de l'ignorance générale, ou de l'indifférence des parents et de l'incurie glaciale du Gouvernement sur un point si important. Sans patronner leur système qui frise l'utopie ou le despotisme, puisqu'il enlève aux familles la liberté d'éducation de leurs enfants, je ne puis m'empêcher de déplorer avec eux les suites si fâcheuses et si pitoyables de cette ignorance, surtout en matière de religion, et de me préoccuper du soin d'y apporter, de notre mieux, les remèdes qui pourront être mis à notre disposition, tels que la formation d'un bon clergé, zélé et capable de catéchiser l'enfance et la jeunesse, et la création de quelques écoles primaires, où des maîtres et des maîtresses, formés *ad hoc,* pourront seconder la tâche du catéchiste et du prêtre. Je gémis amèrement, avec tous mes chers Confrères, sur l'étendue de l'ignorance qui existe dans toutes nos Chrétientés, dans celles qui sont de date plus ancienne, ou qui sont encore néophytes dans la vraie foi. Hélas ! je crains de ne pas me tromper, en assurant que les trois quarts de nos Catholiques ne savent pas encore les premières vérités, nécessaires au salut, *de nécessité de moyen*, pour me servir du langage de l'école ; qu'ils ignorent les principes élémentaires des arts et des métiers ; qu'on ne trouve parmi eux aucun bon ouvrier ; qu'on voit et l'agriculture et l'industrie encore dans les langes de l'enfance ; qu'ils manient en grande majorité, pour se défendre de leurs ennemis, la lance grossière et le bouclier.

Qu'ils soient aussi arriérés, sous tous ces divers rapports, sur toutes les autres nations, on peut s'en étonner, on peut le déplorer : mais qu'ils soient si en retard sous le rapport religieux, c'est surtout ce qui nous arrache des larmes amères. La cause de cette crasse ignorance est le schisme, ce principe délétère et dissolvant pour les sociétés comme pour les individus. On rirait peut-être en Europe, en apprenant que les soldats de Théodoros, passant il y a quelques années par Fuala, où nos confrères avaient planté des mûriers, coupaient tous les arbres, dans l'espoir d'en tirer la soie, parce qu'ils en portaient le nom. Mais l'Europe catholique, malgré l'indifférence glaciale d'un si grand nombre, serait touchée de pitié et de compassion sur le sort de l'Abyssinie, si elle connaissait à fond son ignorance en matière de religion.

On sait que nous distribuons le Scapulaire de la Passion : on vient nous le demander, parce qu'on leur a dit que, sans ce Scapulaire, on ne peut communier le vendredi... On porte des enfants au baptème : nous offrons notre ministère : il n'est pas agréé, et pourquoi ? Parce que les parents croient que nous donnons aux enfants *la Communion*, en leur mettant un grain de sel dans la bouche, quand nous les baptisons nous-mêmes.

On vient de communier sous les deux espèces, selon le rit abyssin : voici des réclamations adressées aux prêtres abyssins : voici même des reproches, et pourquoi? parce qu'on a reçu une petite parcelle de l'Hostie et une trop petite cuillerée du Précieux Sang ; donc on demande une seconde Communion pour y suppléer.

C'est jour de jeûne et fête d'obligation à la fois, ce qui n'est pas rare en Abyssinie : donc on ne peut chanter la Messe que vers midi : pourquoi? C'est que les communiants croient rompre le jeûne par la réception des Saintes Espèces. De même, pendant la pluie, les voyageurs ont bien soin de fermer leur bouche, dans l'appréhension d'enfreindre le même précepte en avalant quelques gouttes d'eau.

Je pourrais multiplier à l'infini de pareils traits d'ignorance en fait de religion : mais à quoi bon ? vous êtes assez convaincu de cette triste vérité, dont il est facile d'ailleurs de se rendre raison. Point d'école, point de prédications, point de catéchismes, avant notre arrivée, pour tous ces Catholiques, la veille encore sans foi aucune, ou sans la vraie foi ; faut-il s'étonner de leur ignorance religieuse ? faut-il s'étonner qu'ils méconnaissent surtout le ministère que vient exercer parmi eux le Missionnaire européen ? D'après eux, il est un touriste qui vient semer l'argent sur son passage, pour satisfaire sa curiosité vagabonde, ou banni de sa patrie pour quelque méfait ; voire même un affamé qui vient chercher un peu de nourriture, ou enfin un désœuvré qui, n'ayant rien à faire ailleurs, veut s'amuser à des enfantillages, comme par exemple à faire l'école et le catéchisme aux petits enfants. Tels sont, pour un grand nombre de nos Chrétiens, les motifs présumés de notre présence en Abyssinie : voilà comme, dans leur ignorance, ils savent apprécier les motifs surnaturels, qui seuls ont pu nous conduire et peuvent nous faire rester en leur contrée, où, humainement parlant, notre position est si malheureuse, et où nous avons si souvent besoin de regarder notre divin modèle et de nous rappeler ses divines promesses, pour ne pas regretter les oignons d'Egypte, c'est-à-dire la patrie terrestre avec tous ses plaisirs, avec tous ses amis dévoués que nous y avons laissés pour l'amour de Dieu.

Pour ensemencer leurs terrains, et pour procurer à leurs troupeaux de bons pâturages, ces populations nomades passent six mois dans la plaine et six mois dans les montagnes. Jusqu'à l'année dernière, quand elles étaient dans la plaine, elles y demeuraient sans aucun prêtre, et, partant, sans aucun secours religieux. Leurs curés restaient à la montagne, gardiens de leurs églises vides et des paroisses sans habitants. Touché de la privation de ces ouailles, j'ai ordonné à un prêtre de chaque paroisse de suivre les paroissiens dans la plaine pour s'y occuper de leur instruction religieuse et du salut de leurs âmes. Ces pauvres Chrétiens ne sont guère catholiques que de nom : sans doute ils ont la foi, mais c'est une foi bien faible, enveloppée de beaucoup de ténèbres, mêlée à beaucoup de superstitions. Oui, ils ont la foi : c'est elle qui les porte à aller baiser les murs extérieurs d'une église, quand elle se rencontre sur leur route; c'est elle qui les porte à se confesser, le front dans la poussière, tandis que le prêtre est accroupi auprès des murailles, en dehors de l'église; c'est elle qui les empêche de cracher longtemps encore après avoir communié; c'est elle qui les porte à recevoir avec empressement une croix, une médaille de la Sainte-Vierge qu'ils portent suspendue à leur cou, à boire, dans leurs maladies, l'eau bénite et même à avaler des médailles de l'Immaculée-Conception ; c'est elle qui, après qu'ils vous ont offensé, les porte à aller vous trouver, une grosse pierre sur les épaules, pour vous demander pardon. Mais leur foi est mêlée à beaucoup de superstitions, comme j'ai eu l'occasion de le noter ailleurs, en parlant des Bogos. Ainsi, dans leurs processions, ils commenceront toujours par passer à droite, et par faire quatre stations correspondantes aux quatre points cardinaux, afin que si Dieu qu'ils invoquent ne les écoute pas d'un côté, il les entende d'un autre.

Ainsi, dans les enterrements, pour tuer des vaches, selon l'usage, ils feront bénir, par le prêtre officiant, le coutelas ou glaive qui aura pu, selon leurs idées, devenir immonde en touchant le sang d'autres animaux. Ainsi, ils refuseront de vendre telle marchandise, telle denrée, dans tel jour de la semaine, parce que ce jour est regardé comme néfaste : ils refuseront aussi de manger la viande d'une brebis ou d'une vache égorgée et entraînée par la hyène et le léopard, parce que ces deux animaux, dans l'opinion publique, sont regardés comme *musulmans;* tandis qu'ils mangeront avec voracité un bœuf ou un mouton tué et égorgé par le lion, regardé comme l'animal des Chrétiens, de même que le chameau passe pour l'animal des sectateurs du faux prophète. Ainsi, ils entendront dans le bruissement des feuilles d'une forêt, dans le grondement du tonnerre, dans le bruit d'une cascade, la voix d'un génie, d'un ange bon ou mauvais. Ils ne se mettront pas en route, parce qu'un oiseau, regardé comme de mauvais augure, aura poussé un cri à côté d'eux. Ainsi, ils recourent fréquemment aux devins et aux sorciers, soit dans leurs maladies, soit quand ils auront perdu un objet, pour le retrouver, ou pour recouvrer la santé. Ainsi, ils ne prendront pas tel chemin, parce que la superstition le leur aura montré comme mauvais, etc., etc. Remplie de ces préjugés, leur foi est ordinairement bien faible et ne se soutient guère dans les épreuves : témoin les nombreuses défections de tant de Catholiques, convertis dans les premiers temps de l'apostolat de Mgr de Jacobis, qui retournèrent au schisme, dès que l'Abouna Salama fit souffler contre eux le feu de la persécution, ou mit en usage le système des expoliations et de l'intimidation ; témoin surtout la défection successive qui s'est renouvelée jusqu'à trois ou quatre fois à

Halaï, bourg de 1,200 âmes, qui, à trois ou quatre reprises, a abandonné le Catholicisme pour retourner au schisme, à l'exception de 260 habitants. Ceux-ci, malgré leur constance dans la vraie foi, laissent cependant beaucoup à désirer sous le rapport de l'accomplissement des devoirs religieux et témoignent même une grande indifférence, à l'exception des Bogos, qui, n'ayant pas encore embrassé la vraie foi, n'opposent pas une grande résistance au fanatisme musulman, lequel, depuis quelques années, a recruté parmi eux un millier de partisans. Nos Chrétiens abyssins abhorrent, il faut l'avouer, l'islamisme ; mais ils n'ont pas la même exécration pour le schisme, de sorte qu'ils seraient assez portés à y retourner, après l'avoir quitté ; tant leur foi, si peu éclairée, est faible à cet endroit. Elle ne paraît ferme que quand il s'agit de repousser le Mahométisme et le Protestantisme : le premier à cause de l'esclavage abrutissant qu'il entraîne ordinairement à sa suite ; malheur si redouté par le fier et orgueilleux Abyssin, si fortement épris de sa liberté et de son indépendance, et qui, pour conserver l'une et l'autre, a lutté pendant des siècles contre les armées de l'Islam, comme l'Espagne, durant le moyen âge, contre les Maures qu'elle parvint enfin à chasser de son territoire. Le second, à cause de son antipathie satanique contre la Sainte Vierge, culte si enraciné dans le cœur de l'Ethiopien. Repousser les fables absurdes de Mahomet et les erreurs de Luther et de Calvin, pour ces motifs, me paraît un trait vraiment providentiel en faveur de ces pauvres Abyssins, généralement si matériels, si cupides, si mendiants, et qui, sans ces raisons, seraient bientôt acquis au prix de l'argent que ne manqueraient pas de leur prodiguer les émissaires des sociétés bibliques de l'Angleterre et de l'Allemagne, dont la propagande, grâce à Dieu, a été jusqu'à ce jour frappée de stérilité. Oui, avec une foi si peu éclairée, mêlée de tant de superstitions, si faible vis-à-vis du schisme, avec les rigueurs de la famine, et son esprit de cupidité, l'Abyssinie chrétienne aurait déjà vendu sa foi au Protestantisme ou se serait courbée sous le cimeterre de Mahomet, si Dieu ne lui eût pas mis au cœur la dévotion à l'Immaculée Marie, et l'amour de son indépendance pour la protéger contre l'envahissement des armées musulmanes.

Une foi si faible dégénère souvent en une foi presque morte. Les croyances sont la base de la morale : quand celle-ci ne repose pas sur le dogme des vérités religieuses, elle ne tarde pas à disparaître du sein de la société. Le Prophète-Roi a dit : « J'ai cru, c'est pourquoi j'ai parlé. » Nous pouvons dire aussi : *J'ai cru, c'est pourquoi j'ai fait le bien :* une foi *dépourvue des œuvres est une foi morte,* selon l'apôtre S. Jacques. La morale ne peut exister sans le dogme : il lui faut une sanction divine : son aiguillon, c'est l'amour de Dieu, magnifique dans ses récompenses : son frein, c'est la crainte de Dieu, terrible dans ses châtiments. Or, nos pauvres Catholiques, plongés dans les ténèbres de l'ignorance en matière de religion, connaissant à peine leur origine et leur destinée, possédant une foi chancelante, ne sont guère stimulés, dans leurs actions, par l'amour de Dieu, ni retenus dans leurs désordres par la crainte de ses jugements. A en juger par leur conduite, on serait tenté de croire que les Commandements de Dieu et de l'Eglise n'ont pas été promulgués pour eux. La plupart d'entre eux semblent les ignorer ou du moins ne les observent pas. Voici comme ils semblent les travestir dans la pratique et les parodier ; je veux ainsi vous donner une idée de leur misère morale :

> Un seul Dieu tu connaîtras,
> Pour l'oublier pratiquement.
> Dieu en vain tu jureras
> Et blasphèmeras pareillement.
> Les dimanches tu passeras,
> Ne faisant rien chrétiennement.

Tes père et mère respecteras ,
En vue de la verge uniquement.
Homicide tu commettras
Pour vol ou vengeance souvent.
Voluptueux tu resteras,
Sans retenue aucunement.
Le bien d'autrui tu raviras
Et retiendras à ton escient.
L'œuvre mauvaise tu désireras
Sans aucun remords fréquemment.
Faux témoignages tu diras
Et mentiras effrontément.
Les biens d'autrui tu convoiteras
Pour les avoir injustement.

Voilà, si je ne me trompe, l'intelligence *pratique* de la loi de Dieu pour nos Catholiques. Il ne faut donc pas attendre d'eux l'observance du jour du Seigneur : souvent privés de messe ; parce que chaque paroisse ne renferme pas les deux prêtres, le diacre et le sous-diacre et le clerc exigés par le rit éthiopien pour chanter la grand'messe, et que la messe basse n'est pas autorisée par Rome, ils ne mettent pas en ce saint jour le pied à l'église, ne font pas un mot de prière, et restent le plus souvent dans un désœuvrement complet. Là où la messe est chantée, comme elle dure deux heures, ou deux heures et demie, ces populations de pasteurs, ne sachant ni lire ni prier, ou ne s'y rendent pas, parce qu'ils s'y ennuient et la trouvent trop longue, alors surtout qu'ils doivent traire leurs troupeaux et les conduire aux pâturages, ou bien ils n'y font qu'une courte apparition. Aussi, je ne crois pas exagérer en disant, que sur nos huit mille Catholiques environ, il ne s'en trouve pas cent qui entendent la messe, chaque dimanche, de même qu'il ne s'en rencontre pas deux cents qui fassent la prière, matin et soir. La pensée de Dieu est une des plus oubliées et négligées chez eux. Ils violent leurs serments et se parjurent avec une déplorable facilité. Ils ne savent ce que sont la bonne foi, la franchise, la simplicité de langage ; le mensonge, la fourberie avec l'orgueil, l'entêtement et la paresse, forment, en grande partie, le fond de leur caractère. Ils vous disent eux-mêmes : «Les Abyssins ont sept cœurs : quand ils vous parlent, ils n'en ouvrent qu'un, et tiennent fermés ou cadenassés tous les autres. » Il est presque impossible de savoir ce qu'ils pensent, tant ils ont l'art de la dissimulation, quand ils traitent avec vous. L'usure, le vol, la rapine, des vengeances héréditaires et atroces, telles que celles que rencontraient nos premiers Confrères, envoyés par notre bienheureux Père, en Corse, en Ecosse et dans les environs de Rome; le concubinage, la polygamie successive, sinon simultanée, de fréquents assassinats, fruits de la haine ou de l'esprit de pillage, etc... ce sont là autant de désordres sur lesquels nous n'avons que trop souvent à gémir. Leurs consciences sont tellement blasées, qu'elles ne paraissent pas s'effrayer beaucoup, après la perpétration de ces péchés ou de ces crimes, dont ils veulent obtenir le pardon, dès le premier aveu qu'ils en font, même sans en avoir la moindre contrition. Qui plus est, il n'est pas rare qu'ils veuillent légitimer leurs méfaits et leurs fautes par l'usage. Vous leur demandez : « Pourquoi mentez-vous? — C'est l'usage. — Pourquoi volez-vous par représailles? — C'est l'usage. — Pourquoi retenez-vous chez vous plusieurs femmes? — C'est l'usage. — Pourquoi n'assistez-vous pas à la Messe aux jours de précepte? — C'est l'usage. — Pourquoi restez-vous dans l'oisiveté? — C'est l'usage. »

Mais en quoi consiste donc la religion de ces pauvres Chrétiens? Le voici : Elle consiste pour nos Abyssins, comme pour la majorité des Chrétiens d'Orient, voire même les Musulmans, dans l'opiniâtre et aveugle attachement à certaines pratiques de dévotion extérieure qui ne sont qu'un fantôme, un simulacre de la vraie religion, laquelle, comme son Divin Fondateur, demande avant tout des adorateurs *en esprit et en vérité*, et ne cesse de répéter avec lui : « Ce peuple m'honore du bout des lèvres, tandis que son cœur est loin de

moi. » Ou bien ces autres paroles : « Déchirez vos cœurs et
non vos vêtements.... Dieu ne rejette jamais un cœur contrit
et humilié ! » La religion consiste encore pour eux dans des
cris aigus, des prostations fréquentes, des frappements de
poitrine multipliés, des chants bruyants, des cérémonies voi-
sines de la superstition, et accomplies sans aucune gravité, ni
dignité, ni esprit intérieur ; dans des prières vocales, inter-
minables, bâclées plutôt que récitées, et dans des processions
qui ressemblent beaucoup à des courses. Elle consiste surtout
dans des jeûnes et abstinences en nombre considérable et en
disproportion avec les forces humaines, ou incompatibles
avec les travaux et les occupations de son état, dont on se
dispense peut-être en cachette, tout en affichant à l'extérieur
un rigorisme pharisaïque : mauvais esprit que les Abyssins
ont pris, sans doute, au contact prolongé qu'ils ont eu avec
les Juifs, encore passablement nombreux dans cette contrée,
de même qu'ils ont retenu, au sein même du Christianisme,
plusieurs pratiques et observances mosaïques. C'est ainsi
qu'ici, comme dans toutes les églises schismatiques de l'O-
rient, comme au sein même de l'Islamisme, le démon, ce
père du mensonge, tient sous son empire tant de populations
nominalement chrétiennes, lesquelles mettent un orgueil national dans leur attachement à de vaines observances et à
des pratiques abusives. Contentes et satisfaites de ces simples
apparences, elles ressemblent aux Pharisiens anathématisés
par Jésus-Christ, qui *sonde les cœurs et les reins*, et elles
s'en tiennent aux formes, sans se préoccuper de l'accomplissement des devoirs essentiels que la religion impose.

Cependant nos Catholiques abyssins conservent deux Dévotions excellentes en soi, qui bien comprises, bien prati-
quées, deviendraient pour eux deux fournaises de charité,
deux trésors inépuisables de grâces ; je veux parler de la
Dévotion à la sainte Communion et à la Sainte-Vierge. Le
dogme de la Présence réelle et la croyance à la Maternité

divine de Marie et à tous ses autres priviléges, sont les deux vérités qui ont le mieux échappé au naufrage spirituel, causé par l'introduction du schisme et de l'hérésie en Éthiopie ; et ce n'est pas, sans doute, sans un but providentiel que ces deux articles fondamentaux demeurent debout au milieu de tant de ruines. Malgré toute son ignorance sur ces deux vérités essentielles, malgré son peu d'intelligence actuelle sur la nature et les vrais caractères de cette double Dévotion, ne pouvons-nous pas concevoir la douce et consolante espérance que la résurrection de l'Abyssinie schismatique au Catholicisme pourra sortir, tôt ou tard, de la foi à la Présence réelle de Jésus-Christ dans l'Eucharistie et de son attachement à l'Immaculée Marie. Les saints Pères nous apprennent que, sous sa protection, personne ne doit désespérer de son salut, et, *seule, elle a écrasé toutes les hérésies*, comme le proclame la Sainte Église, et comme le rappelait récemment Sa Sainteté Pie IX, alors qu'il annonçait à l'Épiscopat catholique la prochaine tenue d'un Concile Œcuménique. Seulement il faut que les Missionnaires puissent instruire les fidèles sur ces deux avantageuses et si excellentes Dévotions, aujourd'hui si mal comprises par ces ignorants Catholiques ! Pour notre compte, nous aimons à nourrir cet espoir pour l'avenir, tout en nous attristant présentement de l'indévotion qu'ils portent à la réception du *Kourban*, c'est-à-dire de la sainte Communion. La liturgie éthiopienne semble ordonner la Communion à tous les fidèles qui assistent à la messe, comme cela se pratiquait dans la primitive Église : nos Abyssins paraissent être du moins dans cette persuasion. Aussi, pour eux, entendre la grand'messe (la seule, je le répète, à laquelle ils puissent assister), pour eux donc, entendre la grand'messe et y *communier* chaque fois, sont deux obligations corrélatives et inséparables : ignorant, à coup sûr, que l'intention de l'Église n'est pas de voir communier ceux qui sont indignes de cette grâce des grâces. Qu'arrive-t-il donc, par suite de cette opinion erronée ? C'est que toutes les fois qu'ils entendent la Messe, la plupart d'entre eux, sinon tous, s'approchent de la Sainte-Table, parfois sans une confession, telle quelle, préalable, sans l'instruction et la préparation nécessaires, et même après avoir commis des vols, des meurtres et d'autres crimes non confessés, non détestés, non pleurés, ou tout au plus avoués à la hâte, et sans aucun sentiment de contrition ni de ferme propos.

L'année dernière, deux ou trois jours avant la fête de S. Pierre, MM. Delmonte et Picard passaient par Dixa, bourg schismatique de 1,000 à 1,200 âmes environ. Les habitants, qui avaient témoigné quelque velléité de se faire Catholiques, leur disaient : « Restez avec nous ou donnez tout de suite un prêtre indigène : la Saint-Pierre est la fête patronale de notre Eglise : nous assisterons tous à la messe, ce jour-là, pour recevoir le *Kourban*. » Voilà comme parlaient ces schismatiques, plongés dans l'ignorance, couverts de péchés même connus publiquement : dans deux ou trois jours, même sans intention ni confession préalables, ils prétendaient communier. Inutile d'ajouter que nos deux chers Confrères n'acquiescèrent pas à leur désir et se bornèrent à leur promettre des prêtres catholiques, lorsqu'ils auraient conféré avec moi sur leur résolution d'abjurer le schisme. Depuis cette époque, ces habitants n'ont pas donné signe de vie. Au mois de décembre, je suis passé dans leur pays, pour voir leurs dispositions : personne ne s'est présenté pour me renouveler la première demande, et il n'est plus question de leur abjuration.

Dimanche dernier, je vis à Hébo un homme en guenilles s'approcher de la Sainte-Table. Après avoir reçu le corps de Notre-Seigneur Jésus-Christ sous l'espèce du pain, ignorant sans doute que les Abyssins communient sous les deux Espèces, au lieu d'aller recevoir le Précieux Sang que distribuait le diacre, placé à la droite du prêtre officiant, il demeurait immobile, ne sachant que faire ni où aller, et il fallut qu'un jeune Séminariste le conduisît à l'autel.

De pareils faits d'indévotion et d'ignorance par rapport à la réception de la Sainte Eucharistie, sont multipliés et bien propres à nous affliger. Il faudrait qu'au zèle pour la Communion, fussent réunies les dispositions nécessaires dans les personnes qui la reçoivent.

Nous éprouvons les mêmes sentiments pour ce qui concerne la Dévotion de l'Immaculée Conception de Marie, que nous serions si heureux de voir aimée, et de pouvoir faire aimer davantage de tous les Abyssins. Nous devons l'avouer, ils ont pour elle une certaine ferveur; ils se plaisent à lui rendre un culte spécial; son nom béni est souvent sur leurs lèvres; ils aiment à porter ses livrées; ils reçoivent avec joie son scapulaire, sa médaille, le chapelet. Ils célèbrent beaucoup de fêtes en son honneur. Ils se préparent à l'Assomption par un jeûne de quinze jours; ils chantent souvent ses louanges; ils implorent souvent sa protection; pour tout dire, en un mot, ils parlent plus souvent de la Mère que du Fils, et semblent plus dévots pour Marie que pour son Divin Enfant.

Mais que cette Dévotion est encore mal entendue et défigurée par ces pauvres Catholiques! Il n'est pas rare qu'ils invoquent Marie, non-seulement pour qu'elle les seconde dans leurs bonnes entreprises, mais encore dans leurs coupables desseins, dans leurs projets de représailles, inspirées par l'esprit de vengeance, comme le prouverait, au besoin, le fait suivant que m'a raconté M. Delmonte, témoin oculaire :

Des gens de la province de Saroué, tous schismatiques, avaient volé quelques vaches aux habitants d'Accrous, village de 800 âmes, tous Catholiques, dépendant de la paroisse d'Hébo, où nous restons avec nos Séminaristes, vers le mois de juin, pour échapper aux fortes chaleurs de l'été de Massouah. Ils refusent de les rendre à leurs propriétaires, qui, poussés par l'esprit de vengeance, autant que par celui de représailles, jurent de se rendre justice eux-mêmes : les voilà occupés à guetter une occasion favorable. Elle ne tarde pas à se présenter. Les habitants de Saroué ont leurs troupeaux réunis en partie dans tel endroit. Les Catholiques d'Accrous, après s'être placés sous la protection de Marie, fondent la nuit et en armes sur ces troupeaux, volent 1,000 brebis et 700 vaches, c'est-à-dire cinq ou six fois plus qu'on ne leur en a ravi, et retournent ensuite dans leur pays ; mais ne croyant pas leur riche butin assez en sûreté dans leur village, ils le conduisent à Hébo et le placent autour de l'église, sous l'égide de Marie, qui, disent-ils, les a favorisés dans leur entreprise, et à laquelle ils vouent, comme témoignage de leur reconnaissance, une vache qu'ils immolent et que nos prêtres indigènes mangent sans aucun scrupule. M. Delmonte a beau se récrier, protester contre ces faits ; sa voix n'est pas écoutée. Alors, pour n'avoir pas même l'air de participer tacitement à ce qui se passe sous ses yeux, il prend le parti de quitter immédiatement Hébo et il se rend à Halaï.

C'est ainsi que cet or si pur en soi, la Communion et le Culte de la Sainte-Vierge, est mêlé par nos ignorants et superstitieux catholiques à ces mauvais alliages. C'est ainsi qu'ils défigurent ces deux excellentes Dévotions ; c'est ainsi qu'ils profanent le Sacrement de l'amour divin, et qu'ils déshonorent Marie, tout en pensant l'honorer. Ah ! quand nous sera-t-il donné de pouvoir les éclairer sur la vraie nature et l'excellence de ces deux Dévotions, de dissiper les ténèbres de leur ignorance crasse, de rendre la vue à ces aveugles spirituels, l'ouïe à ces sourds, la vie à ces fantômes de Chrétiens, d'évangéliser ces populations pauvres, nomades, matérielles, vindicatives, et qui ne pensent qu'à la vie présente ? Quelles peines n'aurons-nous pas pour arriver à ces consolants résultats, si tant est que nous puissions jamais y parvenir, surtout étant si peu secondés, dans cette œuvre de régénération spirituelle, par nos prêtres indigènes qui, seuls, depuis l'origine de la Mission, ont été chargés de l'instruction religieuse de ces populations, et sur lesquels nos prédécesseurs se sont reposés exclusivement pour l'exercice du saint ministère et le service paroissial!

Après vous avoir parlé des ouailles, vous vous attendez, sans doute, que je vous dise un mot de leurs pasteurs que je viens de signaler. Ici, malgré mon programme, je ne puis vous dire toute la vérité. Je ne puis soulever qu'une partie du voile pour vous faire entrevoir le tableau que j'aurais à mettre sous vos yeux, et encore est-ce avec une grande répugnance. Le même arbre, vous le savez, mon cher Frère, doit produire partout le même fruit, et *un mauvais arbre ne peut produire de bons fruits,* comme l'a proclamé la Vérité incarnée. Le schisme, ce mauvais arbre, planté dans le champ du Père de Famille par l'esprit d'orgueil et de révolte ne peut produire que des fruits de son espèce. Privé de la séve vivifiante de la grâce, dès son berceau, il est condamné à la stérilité, et à se sécher, comme le figuier maudit de l'Évangile. Ceux qui succèdent à ceux qui lui ont donné naissance, ne peuvent que languir misérablement, s'étioler de plus en plus et s'évanouir dans leurs vaines pensées, en répandant autour d'eux le scandale et une odeur de mort. Que vous montre l'histoire de tous ces clergés schismatiques, grec, copte, syrien, arménien, nestorien de l'Orient, depuis leur origine jusqu'à nos jours? l'absence du célibat ecclésiastique, brillante couronne qui ceint le front des prêtres latins, divine flamme du plus pur et du plus infatigable dévouement; là simonie et la vénalité, plaie hideuse qui dévore toutes ces églises bâtardes; une foi vacillante et presque morte; un esprit d'intrigues et de cabale, de disputes et de cupidité; le manque de discipline, de piété, de dignité dans les cérémonies religieuses, de tenue ecclésiastique ; un fond insondable d'apathie, de fainéantise et d'inertie ; l'absence de zèle pour le salut des âmes ; la surdité et le mutisme spirituel ; la surdité aux ordres des supérieurs, le mutisme pour la correction et l'instruction des peuples ; l'ignorance avec tous les vices qui lui font escorte pour l'ordinaire ; l'esprit de routine, l'attachement aveugle et déraisonnable à des pratiques surannées, à des usages ou futiles ou abusifs, à des cérémonies frisant l'absurde ; un culte purement extérieur, des observances souvent pharisaïques ; des scandales fréquents, des apostasies nombreuses : voilà, si je ne me trompe, le triste spectacle que présentent ces clergés schismatiques de l'Orient.

Que ne puis-je écrire à notre Très-Honoré Père ce qu'écrivait à S. Vincent le bienheureux Alain de Solignac, évêque de Cahors : « Vous seriez ravi de voir mon clergé ! » Hélas ! le mien a bien peu profité des exemples de vertu et de sainteté que n'a cessé de lui donner Mgr de Jacobis ! Ce vénérable Vicaire Apostolique, en vue de recueillir prochainement une abondante moisson qui lui paraissait déjà jaunissante, et qui malheureusement trompa ses espérances, s'empressa, en 1846 et 1847, de profiter de la présence de Mgr Massaïa pour faire réordonner ou ordonner plus de trente prêtres indigènes, principal instrument, sinon l'unique, dont il voulait se servir pour le bien des âmes confiées à sa sollicitude. Il espérait avoir le bonheur de les former, de les instruire, de leur inspirer l'esprit sacerdotal, après leur ordination accomplie à la hâte, et regardée comme nécessaire dans les circonstances favorables où l'Abyssinie paraissait être pour le Catholicisme. A ses yeux, comme aux yeux du Saint-Siége, qui n'a jamais cessé de recommmander sa formation, un bon Clergé indigène est une précieuse ressource dans les Missions, pour travailler au salut des âmes. Ordinairement les nationaux trouvent plus de créance, plus de confiance auprès de leurs compatriotes que les Missionnaires. Connaissant à fond et dans leur pureté les diverses langues, les divers idiomes des pays; parfaitement renseignés sur les mœurs, les usages, les abus, les superstitions, les erreurs, les préjugés, ils peuvent en parler et les combattre, au besoin, en toute connaissance de cause, et s'insinuer plus facilement dans les esprits que des étrangers. Ils peuvent supporter plus facilement que les Européens les travaux pénibles de l'apostolat, les fatigues du ministère, les privations en tous genres, et échapper aux dangers des voyages ou aux persécutions, etc. Pour eux, disparaissent les difficultés de se faire au climat, aux us et coutumes, comme au régime de ces pays, ce qui éprouve souvent et ruine prématurément la santé des Missionnaires, dont la présence d'ailleurs froisse parfois l'orgueil national. Frappé de ces considérations, Mgr de Jacobis travailla de son mieux et avec un grand zèle à la formation de ce Clergé, qui malheureusement n'a pas répondu à son attente.

Aujourd'hui, nous avons la douleur de trouver en lui plusieurs traits de ressemblance avec ces clergés dont nous venons de signaler les défauts. Des prêtres pieux, réguliers et instruits sont des trésors trop précieux, procurent un trop grand bien à l'Église et une trop grande consolation à leur évêque, pour que Dieu, qui me voit si indigne d'une telle faveur, n'ait pas jugé à propos, jusqu'à ce jour, de me l'accorder. Il permet que ceux qui devraient être *ma joie et ma couronne*, soient, au contraire, ma croix et ma douleur: que sa très-sainte volonté soit faite, alors surtout qu'il lui plaît de m'associer à son calice d'amertume! Nos prêtres actuels, au lieu d'être des ressources pour nous, sont des entraves et des obstacles au bien que nous voudrions faire; au lieu de nous seconder, ils se tournent trop souvent contre nous. Dépourvus de vertus, de savoir et de zèle, ils absorbent et gaspillent les aumônes distribuées pour leur entretien. A l'exception de deux d'entre eux, aucun n'est capable de prêcher ni d'expliquer le catéchisme ; quelques-uns se bornent à enseigner la lettre : la plupart négligent même ce soin, malgré nos pressantes et réitérées recommandations à ce sujet : nous en avons qui ne savent pas écrire, et d'autres qui savent à peine lire. Plusieurs prétendent que le prêtre qui sait les prières de la messe avec le chant qui les accompagne, est assez savant. Ils vous diront encore que personne, pas même l'Évêque, ne peut leur défendre de confesser, attendu que ce droit ou ce pouvoir est inhérent au sacerdoce. Ils ajouteront, qu'après avoir reçu leur autorité spirituelle de l'Abouna Yakob, ses successeurs ne peuvent ni la leur enlever, ni même la restreindre. Tous absoudront après la première confession, qu'elle soit chargée ou non, que les pénitents soient bien ou mal disposés : peu importe. Ils agiront ainsi, soit par cette crasse ignorance qui ne sait jamais douter au saint Tribunal, soit par respect humain, pour ne pas déplaire aux pénitents. Baptiser, marier, enterrer : voilà les trois actes principaux de leur ministère. Instruire, catéchiser, corriger, édifier, ils s'en préoccupent fort peu. Routiniers, ils repoussent toute idée d'amélioration et de progrès ; esprits pharisaïques, ils se scandaliseront à tout propos. A leurs yeux, dire la messe latine, en voyage, dans une chambre particulière ou à l'église même, et publiquement, c'est un scandale ; donner une dispense pour le mariage contracté au troisième ou quatrième degré de parenté, autre scandale ; aller visiter les malades, nouveau scandale pour quelques-uns d'entre eux. Manger du lièvre, de l'oie, du canard sauvage, la tête ou le sang des animaux, scandale encore ; user de beurre, le mercredi, le vendredi, ou le carême, scandale des scandales, etc.

Vous le voyez, il nous est difficile de ne pas *scandaliser* ces consciences timorées et délicates. Je le dis avec douleur : tant que je n'aurai que de pareils prêtres, mon cœur sera martyrisé, parce que le bien ne se fera pas, parce que le salut des âmes sera presque complétement empêché. Par le passé, on s'est trop reposé sur eux pour le soin spirituel des fidèles. Tant que les Missionnaires ne seront pas à la tête, soit pour diriger ou pour agir, avec leur concours ou sans leur concours, les âmes seront en souffrance et dans une disette spirituelle. C'est pour cela que je prie et que je supplie le Très-Honoré Père de daiguer renforcer notre petite Famille, afin que ses Enfants puissent commencer au plus tôt à faire directement la guerre aux démons de l'Abyssinie, par des catéchismes, par des prédications, par des Missions, dans le saint Tribunal de la pénitence et dans les écoles. Les Confrères qui nous ont précédés en cette contrée, n'ont pu travailler par eux-mêmes au salut des peuples qui composent aujourd'hui nos diverses Chrétientés. Lancés de prime abord dans le royaume de l'Amahra ou dans celui de Choa, ils ne s'établirent dans le Tigré qu'en désespoir de cause, c'est-à-dire forcés par la nécessité de s'y réfugier, comme dans un asile plus sûr. Ils avaient appris très-bien la langue Amahrique et le Ghéez, ou la langue liturgique ; mais ils ne surent point les langues Tigréenne, Chohoenne, et Bedouine, les trois idiomes parlés par nos Chrétiens actuels. Ils durent donc se reposer sur leurs prêtres indigènes pour l'instruction religieuse de ces peuplades, et ces Abyssins, soit par ignorance, soit par incurie, se firent remarquer par un constant mutisme. Profondément affligé de cette coupable négligence, je travaille à y remédier de mon mieux, soit par l'impression récente d'un catéchisme en langue tigréenne que nous venons d'imprimer avec nos presses de Massouah, soit en m'appliquant, avec mes chers Confrères, à l'étude de cette langue, dans laquelle, durant notre séjour à Hébo, nous avons commencé, M. Delmonte et moi, à catéchiser et à prêcher. Nous espérons que, dans quelque temps, nous pourrons inaugurer l'œuvre des Missions en faveur de nos pauvres Catholiques, jusqu'à ces jours entièrement privés de ce bienfait. D'autre part, les défauts que nous trouvons dans nos prêtres actuels ne contribuent pas peu à stimuler notre zèle pour travailler à la formation d'un bon Clergé, élevé par nous dans le Séminaire que nous avons ouvert l'année dernière. Avant que nous ayons un nombre suffisant de Confrères, sachant les langues de ces peuples et en état de les évangéliser eux-mêmes ; avant surtout que nos Séminaristes actuels, espérance encore en herbe, soient devenus de zélés coopérateurs, nous devons nous résigner à la souffrance produite par l'incurie et l'incapacité de nos prêtres d'aujourd'hui, qu'une pile voltaïque, placée à côté de chacun d'eux, ne pourrait mettre en mouvement, quand il s'agit de travailler au salut des âmes. Jusqu'à ces jours que nos désirs appellent ardemment, Dieu veut que nous restions sur la Croix avec son Fils bien-aimé, ne nous jugeant pas dignes de nous associer aux joies du Thabor. Soutenus par sa grâce, heureux de souffrir avec le divin Maître, nous nous efforçons de prendre la Foi pour boussole, l'Espérance pour lest, et la Charité comme aliment. Aidez-nous du secours de vos prières, afin que nous puissions demeurer toujours fermement attachés à ces principes et pratiquer ces vertus théologales.

Vous connaissez suffisamment le terrain que nous avons à défricher, les peuples que nous avons à évangéliser : il est donc temps que je vous dise un mot sur l'état présent de notre Mission, puisque je vous l'ai promis.

4° *État présent de notre Mission* ; 1° Nombre des catholiques : il atteint le chiffre de 8,000 environ. Nos chrétientés forment les paroisses suivantes : 1° d'Alitiena, 2° de Halaï, 3° de Kéren, 4° de Hébo, 5° de Maharda-Huny, 6° de

Saganéiti, 7° de Adékaï, 8° de Massouah, 9° d'Ambéito, arrivée la dernière, au mois de juillet, et dont nous n'avons pas encore pris possession, faute de prêtres pour la desservir. A l'exception de Massouah, maison de procure pour la Mission et petite paroisse de la population européenne et catholique dont le nombre varie tous les jours; à l'exception aussi d'Adékaï qui ne possède encore pas d'église et qui n'a qu'un prêtre pour la desservir, chacune de ces paroisses a au moins deux prêtres indigènes qui l'administrent, et une petite église. Hébo a de plus un vieux diacre, et Saganéiti un diacre et un clerc minoré, déjà âgés, qui aident les deux prêtres. Ces curés et ces vicaires, attachés à chaque paroisse, seraient plus que suffisants pour le travail qu'elle donne, s'ils étaient zélés et si la liturgie éthiopienne autorisait les messes basses. Mais comme elle exige la présence de deux prêtres, d'un diacre, d'un sous-diacre, d'un clerc pour la grand'messe, la seule, je le répète, qu'elle permette, il s'en suit qu'aucune paroisse n'est suffisamment pourvue pour que les paroissiens puissent assister au saint Sacrifice, les dimanches et les fêtes de précepte. Exceptons toutefois Saganéiti, Hébo et Halaï, où, grâce à la présence de quelques anciens Séminaristes, vivant aujourd'hui dans le monde, on chante ordinairement la messe, à laquelle assistent quelques fidèles. Je l'ai déjà mentionné : partout ailleurs, nos pauvres églises demeurent fermées en tout temps. J'ai informé Rome de tout ceci, demandant l'autorisation, pour le bien des paroissiens, de laisser célébrer la messe basse à nos prêtres, d'autant que la grand'messe, qui dure deux heures ou deux heures et demie, est trop longue pour nos Catholiques adonnés à la vie pastorale. Jusqu'à ce jour, Rome n'a pas encore accordé cette autorisation. Après l'avoir informée de tout ce qui concerne les intérêts spirituels de ces pauvres Chrétiens qui, avec une église et deux prêtres, demeurent néanmoins privés de tout culte public, de toute cérémonie reli gieuse, les jours de dimanche et les fêtes, je crois avoir déchargé ma responsabilité, et j'attends avec une entière soumission la réponse définitive de la Propagande sur cette importante question.

2° *Personnel de la Mission.* Il se compose : 1° de MM. Delmonte, Léoncini, Picard, et de notre cher Frère Claret ; 2° de 14 prêtres indigènes et de trois vieux diacres ou clercs, attachés au service paroissial ; 3° de deux professeurs laïques ; 4° de quatre autres prêtres Abyssins, mariés ou retirés dans leurs familles, dont ils gèrent exclusivement les affaires temporelles, 5° de 16 élèves-Séminaristes, ce qui donne en tout 44 personnes, sans parler des domestiques employés dans chaque maison, ni des deux vierges appliquées à la petite école naissante de Hébo, ou de deux prêtres interdits.

Depuis le mois de mai, M. Picard est à Kéren, avec deux Pères Capucins et les deux prêtres indigènes. Outre l'étude de la langue, occupation commune à tous les Missionnaires, ce cher Confrère reste à ce poste pour le disputer à Satan, qui, *semblable à un lion rugissant, ne cesse de rôder* autour de la bergerie pour dévorer nos pauvres ouailles du pays des Bogos.

Depuis son arrivée au mois de mai, M. Léoncini n'a pas quitté encore Massouah, où, avec un prêtre abyssin pour professeur, il apprend le Tigréen et gère par intérim la Procure.

M. Delmonte, Frère Claret et moi, nous restons à Hébo, où nous avons conduit nos Séminaristes pour y passer l'été, nous proposant de retourner bientôt à Massouah, à moins que le renfort demandé et promis ne nous arrive promptement. En ce cas, nous formerions trois maisons de Confrères, établies l'une à Kéren, l'autre à Hébo, et la troisième à Massouah. Ici, M. Delmonte, notre Procureur provincial, professe le latin à la première division de nos Séminaristes, qui l'ont choisi, en outre, pour leur confesseur. Notre cher Frère Claret a la classe élémentaire de la division des petits, qu'il fait admirablement progresser, et s'occupe du soin de la dépense et de la surveillance de la cuisine. Quant à moi, j'étudie le Tigréen, je catéchise nos petits élèves et je suis leur *pion*, terme qui, pour nos collégiens de France, désigne le surveillant d'étude. Telles sont pour le moment nos occupations.

Voilà près de dix mois que nous nous occupons nous-mêmes de l'éducation de ces élèves, que j'ai choisis, en grande partie, lors de ma visite pastorale, tout en conservant les meilleurs de ceux qui étaient précédemment confiés à deux professeurs laïques, sans que les prêtres travaillassent à leur formation. Jusqu'à ce jour, nous avons lieu d'être satisfaits et de leur conduite et de leurs progrès. Nous trouvons une notable amélioration, et ils font notre principale consolation, en même temps qu'ils sont notre espoir pour l'avenir. Ils sont pliés au règlement, qu'ils n'avaient jamais suivi auparavant. Nous voudrions augmenter leur nombre de 16 à 20 ou à 25, si les ressources nous le permettaient. Nous trouvons avantage et profit de les élever ici, au lieu de les envoyer tout jeunes en Europe. Nous pouvons mieux éprouver leur vocation, épargner les dépenses des voyages et des retours, les tenir dans une plus grande simplicité pour les habits, les vivres, l'habitation, et leur procurer des professeurs indigènes qui leur apprennent les langues. On a remarqué que ceux qui ont été élevés tout jeunes en Europe, à Rome ou ailleurs, donnaient peu de satisfaction à leur retour, étaient souvent orgueilleux, prétentieux, rationalistes et peu aptes au saint ministère, etc. Aussi Son Éminence le Cardinal Préfet de la Propagande me conseilla-t-elle de former un Séminaire en Abyssinie, plutôt que d'envoyer un certain nombre de jeunes gens à Rome. Elle me confirma dans ma propre opinion sur cet article. Nous ne les faisons pas sortir de leur condition ni de leurs usages. Nous mangeons au même réfectoire, à la même heure et les mêmes aliments. Le matin, une petite tasse de café avec un morceau de pain; à midi, un seul plat: c'est de la viande ou de chèvre ou de mouton, ou des pois; le soir, du riz, plus un pain fait avec de la farine de *douro* ou millet, et l'eau du torrent pour boisson. Leur habit consiste en un pantalon et une soutanelle de toile grossière, dans la semaine; les dimanches et fêtes, un pantalon et une blouse grise avec une ceinture rouge ; sans chemise, sans souliers, sans casquette. Leur lit, c'est la terre nue, sur laquelle ils mettent une petite natte. Le jeudi, leur jour de congé, à notre exemple, ils blanchissent leur linge, cousent leurs habits, deviennent bûcherons, manœuvres, même maçons au besoin. Dans ce pays où il ne se trouve ni ouvriers ni artisans, les Missionnaires et les Séminaristes doivent exercer tour à tour ces divers métiers et d'autres encore. Ces occupations, au lieu de nous affliger, nous amusent et nous récréent.

Mais si je ne me trompe, vous désirez connaître ce que nous dépensons pour chaque Séminariste ; volontiers je vais vous le dire, en vous notant même nos autres dépenses annuelles :

3° *Dépenses de la Mission.* 1° *Fixes.* Il faut 500 fr. pour chaque Missionnaire par an; 60 thalaris ou 315 fr. pour chaque prêtre indigène, clerc attaché aux paroisses, ou professeur laïque; 200 fr. pour chaque Séminariste ; 100 fr. à chaque église pour l'achat de la cire, du froment, du vin, de l'encens nécessaires au culte divin ; 135 fr. pour la petite école des filles d'Hébo ; près de 500 fr. pour secourir les prêtres retirés dans leurs familles; de 1,000 à 1,500 fr. pour frais de voyage, transports, courriers. 2° *Variables.* Les frais pour l'entretien de notre imprimerie, encore privée d'un bon ouvrier européen pour la faire bien fonctionner; les dépenses occasionnées par l'hospitalité accordée aux étrangers et Abyssins, surtout à Massouah ; les aumônes faites aux mendiants qui pullulent de toutes parts : elles seront toujours calculées sur ce principe : si vous avez beaucoup, donnez beaucoup ; si vous avez peu, donnez peu, mais toujours de bon cœur.

Il nous faudrait, en outre, d'autres fonds, si nous voulions réaliser nos divers projets ; à savoir : la fondation de deux petites écoles primaires dans chaque paroisse, d'un orphelinat de garçons que nous établirions dans le pays des Bogos, où nous formerions, plus tard, avec ces orphelins, une colonie agricole, qui serait comme le grenier de nos diverses Missions d'Abyssinie ; l'établissement d'une maison de Filles de la Charité à Emkoullo, qui renfermerait un orphelinat de filles, un dispensaire et un petit hôpital. La construction de cinq églises paroissiales pour remplacer ces trop petites chapelles, ou plutôt écuries, qui existent à Halaï, Saganéiti, Huny, Ambéito, Kéren : 500 fr. pour chaque église pourraient suffire, dans le cas où les paroissiens fourniraient les pierres et le bois nécessaires. La construction de deux résidences passables pour les Missionnaires : l'une à Kéren, avec le susdit orphelinat ; l'autre à Hébo, avec une habitation pour les Séminaristes, ainsi que la séparation de nos chaumières d'Emkoullo et l'agrandissement de notre maisonnette de Massouah. A l'exception de cette dernière résidence, toutes nos chaumières qui se trouvent dans nos diverses paroisses, sont de beaucoup inférieures à celle où notre Bienheureux Père naquit. Quant à nos églises, celles des pauvres Maronites, les plus chétives de toutes celles que j'avais vues avant d'arriver ici, sont ou des bijoux, ou des cathédrales, à côté des oratoires abyssins. En France, tous ces lieux de prières seraient interdits.

4° *Ressources de la Mission*. Elles reposent uniquement sur les trésors de la Providence. Mgr de Jacobis, dès son

début, a supprimé toutes les branches de revenus locaux
qui auraient pu alléger ses lourdes charges, en abolissant
la dîme ecclésiastique, qui est de précepte pour l'Abyssin
schismatique, et toute espèce de casuel ; en renonçant aux
terrains ou aux propriétés territoriales des églises qui ont
embrassé le Catholicisme ; de sorte que, à l'heure qu'il est,
nos Chrétientés absorbent toutes nos ressources pécuniaires
arrivées de France, et ne nous rapportent pas un centime
de revenu. Nos Chrétiens mêmes, au lieu de nous secourir,
sont aidés par nous, et nous exploitent à qui mieux mieux,
quand nous leur achetons ce qui est nécessaire pour notre
subsistance ou l'entretien de nos Maisons. A Massouah,
nous payons jusqu'à 1,000 fr. par an l'eau que nous bu-
vons. Ici à Hébo, nous payons tout à des prix exorbitants.
Voilà comment nos Chrétiens viennent à notre aide. Nous
n'avons aucun terrain productif, aucun troupeau pour nous
faire subsister ; c'est de la France, c'est de l'œuvre admirable
de la Propagation de la Foi, seule, que nous vient notre via-
tique quotidien.

Voilà, mon cher Frère, notre situation, qui peut ainsi
se résumer : société livrée à une affreuse anarchie ; pays
ruiné par divers fléaux et épuisé par la famine ; peuple
affamé, indigent, catholique de nom ; Missionnaires très-
insuffisants en nombre, et nullement secondés par le clergé
indigène, lequel est du reste incapable, indiscipliné, mal
disposé ; paroisses très-négligées sous le rapport spirituel, et
très-mal dotées en fait d'églises et de presbytères ; un Séminaire, encore à son berceau et bien insuffisant ; la Mission
grevée de charges, dépourvue de ressources locales et de tout
établissement d'éducation pour la jeunesse, comme de tout
pied-à-terre fixe et sûr, à l'exception d'une petite résidence
établie sur le rocher aride et calciné de Massouah ; des Chrétientés à la frontière, pendant que l'intérieur du pays nous
demeure encore fermé ; l'opposition de nos ennemis naturels,

à savoir du Schisme, du Mahométisme, du Protestantisme; aucun appui du côté des hommes.

Eh bien, comment trouvez-vous cette position? Ne vous sentez-vous pas tout disposé à travailler à son amélioration, en lui quêtant des aumômes et des prières? Ne croyez-vous pas que si S. Vincent vivait encore et qu'on vînt lui dire : « Il faut que vous abandonniez sans délai toutes vos Missions étrangères, à l'exception d'une d'entre elles dont nous vous laissons le choix, » par suite de cet esprit de foi dont il était pénétré, il répondrait incontinent : « Je choisis la Mission d'Abyssinie, parce qu'elle est la plus misérable, la plus chétive, la plus ingrate, la plus crucifiante? » Seule, parmi toutes les autres, elle est encore privée du concours des œuvres bienfaisantes que nos chères Sœurs prêtent à nos autres Missions, de ces œuvres si fertiles en fruits de salut, et dont l'exercice est capable de transformer les tigres en agneaux et de gagner les cœurs barbares à la religion d'amour dont elles procèdent. C'était la consolante pensée qu'exprimait notre Très-Honoré Père, lors de son voyage et de son séjour à Constantinople en 1863, alors qu'il nous rappelait l'état plus ou moins incomplet de nos Missions, avant l'établissement de nos Sœurs en Orient, et leur état prospère, florissant et fécond en bénédictions célestes depuis que nous avons reçu ce précieux appui. Ma mémoire, qui garde religieusement le souvenir de ces paternelles paroles, ne peut oublier non plus l'espérance que ce Père vénéré m'a fait concevoir, quand il m'a envoyé en Abyssinie. Puisse le Ciel m'accorder bientôt la faveur de voir cette espérance réalisée pour le bien de ce pauvre peuple! Puisse-t-il également vous procurer, à vous, mon cher Frère, une pêche abondante, alors que, avec son autorisation, vous jetterez vos filets.

Vous êtes placé d'office dans la Maison-Mère de la Petite-Compagnie, près du vénéré Successeur de S. Vincent de Paul, l'héritier de son esprit et de ses vertus. Je vous prie de croire, mon très-cher Frère, que la Providence divine veut se servir de vous, petit, mais docile instrument de ses grandes miséricordes. Tâchez de diriger un courant de la grande et admirable charité de la France, qui ne fait défaut à aucune infortune, vers cette malheureuse Éthiopie ; ainsi vous nous aiderez à gagner à Dieu des milliers d'âmes, rachetées, comme les nôtres, par le sang de Notre-Seigneur Jésus-Christ. N'alléguez pas votre incapacité ni votre néant, pour vous dispenser d'endosser la besace de frère quêteur, puisque vous avez appris de notre Bienheureux Père que le bon Dieu a coutume de se servir de préférence des plus petits ou de ceux qui ne sont rien, pour faire de grandes choses. Comptez sur l'abondance des bénédictions célestes. Ne vous laissez pas non plus intimider par le qu'en dira-t-on, puisque, en demandant l'aumône pour l'infortune immense, au physique et au moral, de ce Vicariat Apostolique, vous faites ce qu'a fait et ce que ferait encore S. Vincent, s'il était sur la terre. Tout homme qui n'ignore pas l'histoire, sait qu'en créant des établissements de bienfaisance, presque sur toute la surface du globe, et en versant des millions dans le sein des pauvres, le grand apôtre moderne de la Charité ne tirait pas toutes ces sommes de son propre fonds de richesses, mais qu'il s'adressait, à cet effet, comme vous allez le faire vous-même, aux âmes élevées et généreuses de notre chère patrie. Communiquez la présente lettre à vos amis. Ils ne sont peut-être pas très-nombreux ; mais je sais qu'ils sont généreux. Ceux-ci la communiqueront aux leurs, ainsi qu'il est arrivé à l'une de nos Filles de la Charité, qui, dites-vous, ayant montré une lettre des Missions de la Chine à une dame pieuse de ses amies, en reçut une petite aumône pour cette intéressante Mission.

Parmi toutes les œuvres à créer dans notre pauvre Vicariat, je mets en première ligne la fondation de bourses de Séminaire, pour la formation d'un nouveau, digne et pieux

Clergé indigène. J'en voudrais vingt-cinq pour commencer : l'entretien de chacun monterait à 200 fr.; mais nous nous contenterions, à la rigueur, de la moitié, comptant y suppléer par la petite industrie de nos élèves, pendant leurs récréations.

Puisse Dieu susciter de pieuses familles, désireuses d'attirer sur elles les bénédictions célestes, dès cette vie, sans parler de la gloire dans l'autre, et qui s'associeraient à notre apostolat, en versant entre vos mains, une fois pour toutes, la somme de 2,000 fr. ! Ainsi vous assureriez à perpétuité l'éducation permanente d'un élève du sanctuaire. Les autres aumônes seront reçues également pour l'établissement d'écoles primaires, ou pour les autres intentions que nous manifesterait chaque bienfaiteur. Nous accepterions avec une non moins vive reconnaissance des vases sacrés, des ornements, même vieux, et des objets de dévotion, tels que chapelets, croix, médailles et images, surtout bien coloriées et enluminées, etc., etc., etc.

Je suis en Notre-Seigneur, en son Immaculée Mère, et en S. Vincent,

> Mon cher Frère,
>
> Votre tout dévoué serviteur.
>
> † P. L. BEL, *d. l. m.*

Au moment où se terminait l'impression de cette lettre si touchante, et qui respire tout le zèle apostolique de Mgr Bel, une autre lettre d'Alexandrie nous apprenait que Sa Grandeur y a succombé, le 1er mars, dans sa quarante-quatrième année, à la maladie dont il avait apporté le germe de l'Abyssinie. Mgr Bel se disposait à revenir en France chercher des collaborateurs et de nouvelles ressources pour sa chère Mission. Adorons les desseins impénétrables de Dieu, qui accordera sans doute là-haut, à l'intercession de ce digne Confrère, tombé si tôt victime de son dévouement, le succès spirituel qui lui a été refusé, ou mieux différé ici-bas. Sa Grandeur amenait quatre jeunes clercs abyssins, qui devaient être envoyés à notre collége d'Antoura.

PARIS. — IMP. ADRIEN LE CLERE, RUE CASSETTE, 29.

83